BEI GRIN MACHT SICH IHR WISSEN BEZAHLT

- Wir veröffentlichen Ihre Hausarbeit,
  Bachelor- und Masterarbeit

- Ihr eigenes eBook und Buch -
  weltweit in allen wichtigen Shops

- Verdienen Sie an jedem Verkauf

Jetzt bei www.GRIN.com hochladen
und kostenlos publizieren

Bibliografische Information der Deutschen Nationalbibliothek:

Die Deutsche Bibliothek verzeichnet diese Publikation in der Deutschen National-
bibliografie; detaillierte bibliografische Daten sind im Internet über http://dnb.d-
nb.de/ abrufbar.

Impressum:

Copyright © 2001 GRIN Verlag, Open Publishing GmbH
Druck und Bindung: Books on Demand GmbH, Norderstedt Germany
ISBN: 9783640999057

Dieses Buch bei GRIN:

http://www.grin.com/de/e-book/11903/woerter-und-sachen-sachen-und-woerter

Thorsten Plath

Wörter und Sachen - Sachen und Wörter

GRIN Verlag

Ruprecht-Karls-Universität Heidelberg   Heidelberg, den 9. Juli 2001
Romanisches Seminar
Hauptseminar Geschichte der romanischen Sprachwissenschaft

Sommersemester 2001

„Wörter und Sachen" – „Sachen und Wörter"

Thorsten Plath
5. Fachsemester M.A. (Nebenfach)

Inhaltsverzeichnis

0. Einleitung

0.1. Die Auseinandersetzung mit dem Thema „Wörter und Sachen" – „Sachen und Wörter"
im Rahmen der Geschichte der romanischen Sprachwissenschaft

Die Forschungsrichtung `Wörter und Sachen´ hat nicht nur die Geschichte der romanischen, sondern auch vielerlei anderer Sprachwissenschaften geprägt, bis zum heutigen Zeitpunkt. So wird sie gern bis auf Jacob Grimms Aussage aus dem Jahre 1848 zurückgeführt: „Sprachforschung, der ich anhänge und von der ich ausgehe, hat mich noch nie in der weise befriedigen können, daß ich nicht immer gern von den wörtern zu den sachen gelangt wäre" (Grimm 1848, XI). Wirklichen Einfluss auf die wissenschaftliche Diskussion aber begann die Forschungsrichtung letztendlich mit den Arbeiten des Indogermanisten Rudolf Meringer zu entfalten, der sich, ausgehend von der Hausforschung, ungefähr seit 1891 der Sachforschung zuwendete, wobei er sich explizit in der Tradition Jacob Grimms sah (Hüttenbach 1977, 77f.). Sein romanistischer Kollege in Graz, Hugo Schuchardt, Schüler von Friedrich Diez, wendete sich ungefähr zu derselben Zeit ebenfalls der Sachforschung zu. Beide Wissenschaftler müssen gemeinsam als Väter der Forschungsrichtung angesehen werden, sie haben zu gleichen Teilen den Verdienst, die Bedeutung der Sachforschung für die Sprachwissenschaft in der sprachwissenschaftlichen Betrachtung etabliert zu haben.[1]

Zunächst als Gegenbewegung zu den strikten Lautgesetzen der Junggrammatiker gegründet, mit dem Ziel, die Sprachbetrachtung um die Wortbedeutung zu erweitern (Meringer e.a., WuS 1 (1909) 1f.), nahm die Forschungsrichtung nicht nur der Lehre der Junggrammatiker recht schnell den Rang als bestimmende Theorie der Sprachwissenschaften ihrer Zeit den Rang ab, sie kann für die ersten Jahrzehnte des 20. Jahrhunderts bis in die zwanziger Jahre desselben hinein als ein die Sprachwissenschaft anleitendes methodisches Prinzip angesehen werden. So kann man gut und gern von einer jahrzehntelangen Blütezeit der Forschungsrichtung sprechen. Das allein rechtfertigte bereits eine Auseinandersetzung mit ihr im Rahmen der Betrachtung und Untersuchung der Geschichte der romanischen Sprachwissenschaft.

Ihr Verdienst war es, die Sprachwissenschaft ihrer Zeit aus den Ketten der strikten Anwendung der junggrammatischen Lehre von den Lautgesetzen befreit und die Sprachbetrachtung in synchroner wie auch in diachroner Sichtweise erweitert zu haben, dies darzustellen wird Aufgabe dieser Arbeit sein.

---

[1] „Unter Schuchardts und Meringers Führung ist von Graz die große Wörter- und Sachenbewegung ausgegangen, [...]" (Grußadresse des Zürcher Rektors Louis Gauchat an die Universität Graz anlässlich ihres hundertjährigen Bestehens vom 10.05.1927; Abschrift im Besitz des Institutes für vergleichende Sprachwissenschaft, Graz)

Sicher, möchte man ihrer heutigen Bedeutung nachgehen, kommt man nicht um das Ergebnis herum, dass die Forschungsrichtung `Wörter und Sachen´ als eine „`historisch´ gewordene Erscheinung betrachtet wird, die vor allem durch ihre Integration in die Kulturraumforschung oder Kulturmorphologie bleibende Bedeutung erlangt hat" (Schmidt-Wiegand 1992, 22). Dennoch kann eine Anwendung des methodischen Prinzips auch heute noch so manch eine sprachwissenschaftliche Frucht hervorbringen.

Die vorhergehenden Ausführungen bezeugen sehr deutlich, dass der Forschungsrichtung `Wörter und Sachen´ zweifelsohne und unbestreitbar ein hervorgehobener Platz in der Geschichte der romanischen Sprachwissenschaft des Beginns des 20. Jahrhunderts gebührt.

0.2. Aufgaben- und Fragestellung der vorliegenden Arbeit

Hauptvertreter der Forschungsrichtung `Wörter und Sachen´ waren die beiden bereits erwähnten Sprachwissenschaftler Rudolf Meringer und Hugo Schuchardt. Die Darstellung ihrer Ansätze, aber auch die Gegenüberstellung derselben, soll Aufgabe der vorliegenden Arbeit sein. Um dieses Ziel zu erreichen, muss die Frage beantwortet werden, worin Meringer und Schuchardt selber die Ziele ihrer Arbeiten sahen, wie sie diese Ziele erreichen wollten und worin sich ihre Arbeiten unterschieden. Der Titel der vorliegenden Arbeit „Wörter und Sachen – Sachen und Wörter" macht es bereits deutlich, die Meinungen beider Wissenschaftler werden gegenüber zu stellen sein. Unvollständig wäre die vorliegende Arbeit, wenn sie nicht auch den wissenschaftlichen Ertrag der Forschungsrichtung `Wörter und Sachen´ für die gesamte Sprachwissenschaft darzustellen versuchte. Aus diesem Grund sollen auch die Anwendungsgebiete des methodischen Prinzips durch eine Darstellung ihre Würdigung finden. Dabei wird deutlich zu machen sein, dass die Entwicklung der Sprachwissenschaft, ausgehend von der Diskussion um das sprachliche Zeichen und seines Verhältnisses zur außersprachlichen Wirklichkeit, die von Ferdinand de Saussure ausgelöst worden ist, den Ausgangspunkt `Sache´ der Forschungsrichtung `Wörter und Sachen´ weitgehend in Frage stellte und stellt. Aus diesem Grund wird die Frage zu beantworten sein, wie sich die Forschungsrichtung `Wörter und Sachen´ nach Saussure in die allgemeine Sprachwissenschaft einordnet.

1.   Rudolf Meringer gegen Hugo Schuchardt

1.1.   Der Gelehrtenstreit

Es ist wohl auch dem Gelehrtenstreit zwischen Meringer und Schuchardt, der wohl um 1908/1909 seinen Anfang nahm und in den Folgejahren immer erbitterter geführt wurde, zu verdanken, dass die damals neue Forschungsrichtung `Wörter und Sachen´ zur damaligen Zeit ihr großes Fachpublikum erhielt und bis heute bekannt blieb. Aus diesem Grund soll der Streit zwischen den beiden Sprachwissenschaftlern an dieser Stelle dargestellt werden, bevor sich die vorliegende Arbeit der Gegenüberstellung der fachlichen Aussagen Meringers und Schuchardts zuwendet. Grund der zum Teil persönlich, ja sogar polemisch geführten Auseinandersetzungen unter den beiden Sprachwissenschaftlern war wohl der Streit darüber, wer sich als wahrer Vertreter der Forschungsrichtung bezeichnen durfte. Auch der Beweggrund der Eitelkeit dürfte hier eine nicht zu unterschätzende motivierende Rolle gespielt haben.

Ausgehend von der Hausforschung wandte sich Meringer ab 1891 der Sachforschung zu, die Bezeichnung `Wörter und Sachen´ verwendet er zum ersten Mal als Titel eines Aufsatzes in der Form einer programmatischen Schrift im Jahre 1904 (Meringer 1904, 101 ff.). Wenige Monate später, im Jahr 1905, verwendet Schuchardt seinerseits das erste Mal den Titel `Sachen und Wörter´ für einen Aufsatz, in dem er aber auch deutlich darauf hinweist, dass er weder der Erste noch der Einzige sei, der auf eine zusammenhängende Forschung der Sprache und der Sachen hinstrebe, sein Kollege Meringer unternehme das gleiche, die Richtigkeit der Meinung Meringers sei unstrittig (Schuchardt 1905, 620f.). Offensichtlich war demnach im Jahr 1905 noch nichts von einem Streit zwischen den beiden Sprachwissenschaftlern bemerkbar, noch galt eine vornehme gegenseitige Anerkennung unter den beiden. Dies sollte sich aber im Laufe der Zeit ändern und führte zu einer Schrift Schuchardts in Form eines „Fliegenden Blattes" aus dem Jahr 1908; Inhalt dieser Schrift war ein Briefwechsel Schuchardts mit Meringer bezüglich der Gründung der Zeitschrift „Wörter und Sachen", im Laufe dessen sich Meringer der Einmischung und Belehrung Schuchardts in polemischen Ton verwehrt und den Titel „Wörter und Sachen" verteidigt, während Schuchardt darstellt, er sei Meringer gegenüber immer wohlgesonnen gewesen, beide seien unabhängig voneinander zu in wesentlichen Teilen übereinstimmenden Positionen gelangt, Meringer von der Indogermanistik kommend und von den Sachen ausgehend, Schuchardt von der Romanistik kommend und von den Wörtern ausgehend (Hüttenbach 1977, 84). Offensichtlich war der Auslöser der Auseinandersetzungen der Wunsch Schuchardts, an der Zeitschrift „Wörter und Sachen" beteiligt zu sein, dem Meringer aber nicht entsprach, weil er vermutlich Schuchardts Konkurrenz fürchtete.

Schuchardt schreibt im Jahr 1910, er habe die Wortfolge `Sachen und Wörter´ bewusst ge-
wählt, nicht um Meringer mit seinem `Wörter und Sachen´ zu ärgern, sondern, da seiner Mei-
nung nach die Sach- der Wortgeschichte vorausgehen müsse, während Meringer eben von der
Hausforschung komme, was Meringers Herangehensweise begründete (Schuchardt 1910,
257). Hier zeigt sich deutlich, dass es sich bei den Auseinandersetzungen zwischen Schuchardt und Meringer auch um einen Prioritätenstreit handelte, ob nun `Sache´ oder `Wort´ im
Vordergrund der sprachwissenschaftlichen Betrachtung im Rahmen der Forschungsrichtung
`Wörter und Sachen´ zu stehen habe, ob nun folglich von der `Sache´ oder von dem `Wort´
auszugehen sei.

Den Höhepunkt des Gelehrtenstreits erreicht man 1911/1912, indem Meringer Schuchardt in
zum Teil sehr polemischer Weise vorwirft, auf `Wörter und Sachen´ nicht nur ein Anrecht
erhoben, sondern sich auch des Plagiates schuldig gemacht zu haben (Meringer 1912, 31 ff.).
Dies weist Schuchardt entschieden von sich, verteidigt sein Vorgehen als Verteidigung und
Schutz seiner wissenschaftlichen Ehre und beklagt Meringers Egozentrik, die er sogar als
„Meringerozentrimus" bezeichnete (Schuchardt 1911, 4). In dieser Richtung äusserte sich
Schuchardt dann nochmals 1912 (Schuchardt 1912, 829f.).

1.2.   Würdigung der Auseinandersetzungen

Was ist nun von diesem Gelehrtenstreit zu halten, der sich doch relativ schnell beiderseitig auf
die persönliche Ebene verlagerte[2] und besonders auch von Meringer in einem polemischen,
unsachlichen Stil[3] geführt wurde? Sicher, die Eitelkeit der beiden Protagonisten spielte wohl
eine wichtige Rolle, beide wollten sie in einem möglichst guten Licht erscheinen. Hinzu tritt
aber auch der bereits kurz angesprochene Prioritätenstreit, den es in den weiteren Ausführungen darzustellen gilt. Von objektiver Seite wurde dieser Streit nie entschieden. Wilhelm Meyer-Lübke war der Meinung, Meringer und Schuchardt hätten „ungefähr gleichzeitig [...] unabhängig voneinander Wortforschung und Sachforschung verknüpft" (Meyer-Lübke 1909,
643f.), Leo Weisgerber bezeichnete die Argumentation als „von beiden Seiten [...] festgefah-
ren" (Weisgerber 1974, 355), Schuchardt habe aber eine entwicklungsfähigere Arbeit gelei-
tet. Das änderte aber nichts daran, dass Meringers Auffassung durch seine Zeitschrift „Wörter
und Sachen" breitere Wirkung entwickeln konnte (Hüttenbach 1977, 85). Einen Verdienst
aber hatte dieser Streit, er machte die Zeitgenossen aufmerksam auf die neue Forschungsrichtung `Wörter und Sachen´ (Schmidt-Wiegand 1999, 16).

---

[2] Schuchardt: „Meringer scheint sich nicht darum zu kümmern, ob er mir nicht etwa den Lebensabend vergällt
hat." (Schuchardt 1911, 4).
[3] Meringer: „[...] und `Sachen und Wörter´ war doch nichts anderes als mein `Wörter und Sachen´, nur umge-
dreht, aber nicht originell." (Meringer 1912, 31).

2.   Wörter und Sachen – Rudolf Meringer

2.1.   Das Leitmotiv der Zeitschrift „Wörter und Sachen"

Wie bereits ausgeführt, wendete sich Rudolf Meringer schon ab 1891 der Sachforschung zu, während er sich bis dahin als Hausforscher einen Namen gemacht hatte. Den Höhepunkt seiner sprachwissenschaftlichen Studien bildete sicherlich die Gründung der Zeitschrift „Wörter und Sachen – Kulturhistorische Zeitschrift für Sprach- und Sachforschung" im Jahr 1909.

Als Leitmotiv dem ersten Band vorangestellt, findet sich in der Zeitschrift „Wörter und Sachen" Jacob Grimms Bezeugung aus der Einleitung seiner `Geschichte der deutschen Sprache´, erschienen 1848: „Sprachforschung, der ich anhänge und von der ich ausgehe, hat mich noch nie in der weise befriedigen können, daß ich nicht immer gern von den wörtern zu den sachen gelangt wäre" (Grimm 1848, XI). Folglich möchte schon Jacob Grimm das methodische Prinzip der wechselseitigen Erhellung von Wort- und Sachforschung anwenden, indem er ausgehend von der Sache nach den Bezeichnungen und ausgehend von den Bezeichnungen nach den jeweiligen Sachen fragt. Damit bezieht Grimm die Kulturgeschichte in die Betrachtung der Etymologie ein, um so eine umfassende Altertumswissenschaft mitzubegründen. Die `Geschichte der deutschen Sprache´ aus dem Jahr 1848 ist aber nicht die erste Schrift, in der das methodische Prinzip `Wörter und Sachen´ von Grimm angewendet wurde. Bereits 1828 findet es sich in den `Deutschen Rechtsalterthümern´, dem rechtswissenschaftlichen Hauptwerk Grimms (Grimm 1854). Dabei handelt es sich um die erste historisch angelegte Sammlung des Rechtswortschatzes, in der Grimm beginnend mit der Darstellung von den Formen des Rechts wie Sprache, Maße, Symbole und Zahlen, über die Bereiche Stand, Haushalt Eigentum und Verträge bis schließlich hin zu den Verbrechen und zum Gericht gelangt, um die von ihm so bezeichnete „Grammatik des Rechts" darzustellen (Schmidt-Wiegand 1990, 156). Jacob Grimm geht also von den Sachen aus, um nach deren Bezeichnungen zu fragen, folglich handelt es sich um eine, natürlich nicht von Grimm derart bezeichnete, Anwendung des methodischen Prinzipes `Wörter und Sachen´. So nimmt es nicht wunder, dass Meringer Jacob Grimms Einleitung seiner `Geschichte der deutschen Sprache´ als das Leitmotiv der von ihm begründeten Zeitschrift „Wörter und Sachen" wählte, die das Hauptorgan der von Meringer vertretenen Forschungsrichtung darstellen sollte, um Sach- und Wortforschung gemeinsam als Teil der Kulturwissenschaft zu fördern[4]: „Wir glauben, dass in der Vereinigung von Sprachwissenschaft und Sachwissenschaft die Zukunft der Kulturgeschichte liegt." (Meringer

---

[4] Der Satz Jacob Grimms geht nicht nur dem ersten Band als Motiv, sondern auch dem neunten Band aus dem Jahr 1926, dem Eintritt Hermann Günterts in die Redaktion, und dem vierzehnten Band mit dem Nachruf auf Rudolf Meringer voraus. Dies unterstreicht seine zentrale Bedeutung für die Zeitschrift „Wörter und Sachen".

e.a. 1909, 1). Dabei sah sich Meringer in der sprachwissenschaftlichen Tradition Jacob Grimms, da er nicht nur eine Übereinstimmung in der Interpretierbarkeit der `Sachen´ mit diesem sah, sondern auch der Meinung war, dass er exakt dasselbe umfassende Verständnis von `Sachen´ hatte wie eben Grimm selbst: „Jakob Grimm hat aber `Sachen´ im selben Sinne, wie ich es verstanden wissen wollte, vor mir gebraucht und weil er es in einem Zusammenhange tut, der meinem Gedanken entgegenkommt, fühlte ich mich verpflichtet, seiner zu gedenken. Grimm hat zwar nur die gelegentliche Nützlichkeit der Sachstudien erkannt, noch keineswegs die Notwendigkeit für alle Etymologie, aber er hat mit der Verwendung seiner Erkenntnis Ernst gemacht;" (Meringer 1912, S.52).

2.2. Die Position Meringers

Die Position Meringers lässt sich wohl am besten aus dem von ihm maßgeblich geschriebenen Vorwort des ersten Bandes von „Wörter und Sachen" und aus dem Aufsatz „Zur Aufgabe und zum Namen unserer Zeitschrift" (Meringer WuS 3 (1912), 22-56) herleiten.

Es wird immer wieder angeführt, Meringer und Schuchardt wendeten sich gegen die Lautgesetze der junggrammatischen Schule.[5] Wie bei so vielen anderen Bereichen der modernen Sprachwissenschaft, kann Friedrich Diez auch als Vater der Lautgesetze gelten. Seine Anstöße in dieser Richtung bedingten eine Entwicklung der Etymologie hin zu reiner Lautetymologie der Schule der Junggrammatiker, die in den siebziger Jahren des 19. Jahrhunderts ihren Anfang nahm, und bei der semantische, geografische und soziokulturelle Betrachtungen vollkommen in den Hintergrund treten (Wunderli i.D., 35ff.). Aufgrund empirischer Erfahrungen sehen die Junggrammatiker die Vorrangigkeit der Erforschung des Lautwandels anhand von absolut gesetzten Lautgesetzen gegeben, Untersuchungsgegenstand ist nicht das Sprachsystem, sondern der Idiolekt des Einzelnen (Paul 1975, 24). Gegen die Lautgesetze, wie sie von der junggrammatischen Schule vertreten werden, wenden sich Schuchardt und Meringer, Meringer freilich in einer eher distanzierten Weise, wenn er im Vorwort zum ersten Band der „Wörter und Sachen" schreibt: „Nach einer Periode heilsamer Beschränkung der sprachlichen Studien auf die Erforschung der lautlichen Veränderung scheint die Zeit gekommen zu sein [...]" (Meringer 1909,1). Meringer nimmt demnach nicht eine kategorisch ablehnende Haltung gegenüber den Lautgesetzen der junggrammatischen Schule ein, sondern fordert eher eine Umorientierung, wenn er schreibt „[...] scheint die Zeit gekommen zu sein, den `Sachen´ wieder mehr Aufmerksamkeit zu schenken." (Meringer 1909,1).[6]

---

[5] Schmidt-Wiegand spricht gar von einer „Attacke gegen die Junggrammatiker" (Schmidt-Wiegand 1999, 15).
[6] Schuchardt freilich ging weniger distanziert mit den Junggrammatikern ins Gericht, siehe „Über die Lautgesetze: Gegen die Junggrammatiker" (Schuchardt 1885).

Hier ist auch die Aufforderung Meringers impliziert, bei der Wortforschung die Sachforschung nicht außer Betracht zu lassen, da die „Sprachwissenschaft nur ein Teil der Kulturwissenschaft" (Meringer 1909,1) sei und da lediglich in der „Vereinigung von Sprachwissenschaft und Sachwissenschaft die Zukunft der Kulturgeschichte" (Meringer 1909,1) liege.

Sprachwissenschaft wird folglich nicht betrachtet als Naturwissenschaft, wie noch bei Ascoli, sondern als Kulturwissenschaft, die zum Ziel hat, neben anderem, vor allem Bedeutungsentwicklungen nachzuzeichnen: „Was uns heute für die Geschichte der Bedeutungsentwicklung besonders nottut, das sind gerade die sachgeschichtlichen Arbeiten." (Meringer 1912, 25f.).

Zentral in der Betrachtung des methodischen Prinzips von `Wörter und Sachen´ im Sinne Meringers ist die Frage, was Meringer aber unter `Sache´ verstanden wissen möchte. Sicher nicht nur Konkreta, vielmehr versteht Meringer unter `Sache´ „nicht nur die räumlichen Gegenstände, sondern ebenso wohl Gedanken, Vorstellungen und Institutionen, die in irgendeinem Worte ihren sprachlichen Ausdruck finden." (Meringer 1909,1). Schuchardt macht er dagegen den Vorwurf, mit einem ungenauen Begriff von `Sache´ zu arbeiten (Meringer 1912, 35f.).

Um dabei eine genaue Kenntnis von den `Sachen´ zu erlangen, kommt es nach Meringer auf eigenes Erfahren, auf eine eigene genaue Kenntnis bezüglich der `Sachen´ an, auf einen großen Erfahrungsschatz und ein breites Wissen, denn „Wörter und Sachen entspringen Erlebnissen, nicht der Spekulation" (Meringer 1912, 41). Ebenso ist auch die Aussage zu verstehen: „Wir verlangen, daß die Erklärung von Bedeutungsveränderungen nicht auf rein spekulativem Wege versucht wird" (Meringer 1909, 1). Dazu unternimmt Meringer weite Reisen, Schuchardt betreibt wochenlang Fischfang. In Abgrenzung zu Schuchardt kommt es Meringer nicht darauf an, was zuerst dagewesen sei, die `Sache´ oder das `Wort´, das sei ebenso schwer zu beantworten wie die Frage, ob zuerst die Henne oder das Ei dagewesen sei. (Meringer 1912, 36; man beachte auch in diesem Abschnitt den polemischen Ton gegen Schuchardt!). Schuchardts Aussage, die Sache sei vor dem Worte da, sei sogar „unrichtig" (ebd.).

Meringer war aber auch von der „Wellentheorie" von Johannes Schmidt (Schmidt 1872) eingenommen. Für Meringer implizierten Schmidts Ausführungen zur Ausbreitung von „Sprachwellen" auch die Ausbreitung von „Sachwellen" (Meringer 1904, 190 ff.). Ebenso wie die Vereinigung der Sprachwissenschaft mit der Sachwissenschaft die zukünftige Kulturwissenschaft bildete, ergab für Meringer die Vereinigung von Sprachwellen und Sachwellen die von ihm so genannten „Kulturwellen" (ebd.), die sich gleichmäßig in der räumlichen Ebene ausbreiteten. Die Parallelen, schon im Gebrauch und in der Wahl der Begriffe, ist hier nicht zu übersehen. Der allgemeine menschliche Trieb der Nachahmung sei dabei die treibende Kraft, die für die Verbreitung der Kulturwellen innerhalb einer „Verkehrsgenossenschaft" sorge (Meringer 1912, 47).

3. Sachen und Wörter – Hugo Schuchardt

3.1. Sachwortgeschichte

Im Grunde unterschied sich die Argumentation Schuchardts in den wesentlichen Punkten nicht von derjenigen Meringers. Wenn Schuchardt in seinem Beitrag „Sachen und Wörter" (in ZRPh 14 (1905), 620 ff.) schreibt: „... die Sachkunde ist bisher für die Wortkunde, nicht nur für die geschichtliche, sondern auch für die beschreibende, die Lexikographie nicht in gebührender Weise vertreten worden." (ebd., 620), dann wird schon hier deutlich, dass es auch ihm vor allem darum ging, eben die Sachforschung in die Sprachbetrachtung einzubeziehen. Und weiter ist ebenda zu lesen: „So tut innerhalb eines viel weiteren Gebietes R. Meringer das gleiche. In ihm hat der Hausforscher den Sprachforscher erleuchtet." (ebd.). 1905 war also noch nichts von den Auseinandersetzungen mit Meringer zu spüren.

Für Schuchardt ist die Sprache immer deutlich geprägt von externen Faktoren in Form derjenigen Sachkultur und allgemeinen Kultur, die die jeweilige Sprache umgibt, und diese externen Faktoren bewirken nicht zu übersehende Auswirkungen auf die Sprache. Unter der Etymologie eines Wortes versteht Schuchardt deshalb die gesamte Wortgeschichte des Wortes, somit ist eine reine Lautetymologie, so wie sie die junggrammatische Schule propagierte, nicht vertretbar, lässt sie doch die sprachexternen Faktoren, auf die sich Schuchardt besonders konzentrierte, völlig außer Acht: „Was wir eine Etymologie nennen, ist nichts als eine mehr oder weniger abgekürzte Wortgeschichte, [...] (die) ohne bestimmte Grenzen in andere Wortgeschichten (zerfließt)." (Schuchardt 1922, 105). Da sich Schuchardt in besonderer Weise für die sprachexternen Bereiche interessierte, ist es nur logisch, dass er eine enge Einbindung der Betrachtung dieses externen Bereiches, also der Sachgeschichte, in die Wortgeschichte forderte: „Ein Fortschritt im allgemeinen Sinn wird nur dadurch erzielt, dass Sachforschung und Wortforschung nicht bloß, wenn auch hilfsbereit, nebeneinander stehen, sondern dass sie sich durchdringen, sich miteinander verflechten und zu Ergebnissen zweifacher Art führen. [...] es entwickle sich eine Sachwortgeschichte." (Schuchardt 1922, 116). Folglich verbinden sich etymologische und kulturgeschichtliche Untersuchungen zu einer einzigen: „Wenn vom lautlichen Standpunkt aus zwei Herleitungen möglich sind, so muss die Entscheidung zwischen ihnen von einem anderen Standpunkt aus erfolgen." (Schuchardt ZRPh 34 (1910) 331). Dieser „andere Standpunkt" (ebd.) betrifft die hinter dem Wort stehende Sache. Dabei muss aber auch, in diachroner Sichtweise, die soziale Differenzierung des Wortschatzes beachtet werden, die Wortgeschichte muss schichtspezifisch betrieben werden (Schuchardt 1922, 113). Die Forderung Schuchardts, bei etymologischen Untersuchungen den Sachbereich und auch die soziale Struktur des Wortschatzes in synchroner Sichtweise einzubeziehen, macht wiederum die deutliche Abkehr von einer Anwendung der reinen Lautetymologie junggrammatischer Prägung deutlich, sowohl die lautliche, als auch die inhaltliche Seite einer Herleitung müssen gleichberechtigt miteinander untersucht werden (Pfister 1980, 20), die synchrone Sichtweise ist bei der etymologischen Untersuchung ebenso wichtig wie die diachrone Sichtweise. `Wörter und Sachen´ erscheint vor diesem Hintergrund demnach als eine Bezeichnungslehre, die in synchroner und diachroner Sichtweise sowohl sprachinterne als auch sprachexterne Bereiche in gleicher Weise untersuchen möchte, um so zu Ergebnissen der Etymologie eines Wortes zu gelangen, die weit über einseitige Untersuchungen hinaus gehen.

Es wird deutlich, dass man hier, beim Fundament der methodischen Auffassung Schuchardts, keine wirklichen Unterschiede zu Meringer feststellen kann, sein Etymologieverständnis unterscheidet sich im Prinzip nicht von demjenigen Meringers, Wort- und Sachforschung sollen sich gegenseitig erhellen, um dadurch zu neuen Ergebnissen gelangen zu können.

3.2. `Sache´ vor `Wort´

Neben allen anderen kleineren und größeren Streitpunkten zwischen Meringer und Schuchardt machte sich ihr akademischer Streit wohl am eklatantesten an der Frage fest, ob nun die `Sache´ dem `Wort´ vorgehe oder nicht. Auch in diesem Prioritätenstreit sparten beide nicht an Polemik und persönlichen Vorwürfen. Schon 1902 beschrieb Schuchardt, dass Wörter nicht immer vor die Sachen zu setzen seien, aber vielmehr die Sachen vor die Wörter, denn dort stünden sie seit Anbeginn (Schuchardt 1922, 112). Und 1903 schreibt er, es liege in der Natur der `Sache´, es sei sogar die Natur der Sache, dass wenn unsere Vorstellung eines Objektes oder das Objekt selbst sich verändere, sich dann ebenso dessen Lautbild ändere (Schuchardt 1922, 118). Aus diesem Grund hat Schuchardt bewusst die von Meringer abweichende Bezeichnung `Sachen und Wörter´ gewählt: „Ich habe die andere Wortfolge nicht aus Änderungssucht gewählt, sondern weil für mich die Beleuchtung der Wörter durch die Sachen das Wesentlichere war und die Sachen ja von Anfang an vor den Wörtern gestanden haben." (Schuchardt 1902, 426). Schuchardt geht folglich davon aus, dass die `Sache´ älter sei als das `Wort´, somit ist die `Sache´ dem `Wort´ gegenüber primär, sie geht ihm als der beständige Faktor voraus, da dass `Wort´ nur in Abhängigkeit von der `Sache´ bestehe (Schuchardt 1922, 125), denn etwas müsse tatsächlich existieren, bevor es benannt werden könne. Bemerkenswert ist, dass Schuchardt schon 1912 bei der Beschreibung seiner Vorstellung von der Beziehung zwischen `Sache´ und `Wort´ noch eine dritte Variable einführt, wenn er von der `Vorstellung ´ spricht, die zwischen beiden stehe, ohne die `Sache´ zu repräsentieren und dabei zitiert: „`Voces significant res mediantibus conceptibus´" (Schuchardt 1922, 126). Diese Vorstellung ähnelt doch schon deutlich dem strukturalistischen Konzept des semiotischen Dreiecks von Ogden und Richards aus der Phase nach Saussure, freilich ohne dieses vorwegzu-nehmen. Zunächst erwidert Meringer, in beinahe schon gewohnt polemischer Weise: „Zur Frage, was älter sei, das Wort oder die Sache, möchte ich nur sagen, dass sie ebenso schwer zu beantworten ist wie die, was älter sei, die Henne oder das Ei." (Meringer WuS 3 (1912), 32). Desweiteren führt Meringer aus, Schuchardts Meinung sei sogar „unrichtig" (ebd., 33), da zum einen der „alte Germane" (ebd., 32), wenn er von Himmel und Erde sprach, Dinge gedacht habe, die nicht vor dem Wort dagewesen seien, zum anderen werde neuen Sachen keine neuen Bezeichnungen gegeben, vielmehr erhielten diese entweder alte Bezeichnungen von ähnlichen Sachen, die vorher existierten, oder die neuen Sachen würden mit altem Voka-bular metaphorisch benannt, oder man benenne sie nach einer ihrer Eigenschaften (ebd., 33). Einzig bei der Namengebung neuer Erfindungen durch moderne Wissenschaftler sei es rich-tig, dass die `Sache´ vor dem `Wort´ existiere (ebd., 33).

3.3. Das Verständnis von `Sache´

Wie bereits ausgeführt, sieht sich Meringer in seinem umfassenden Verständnis von `Sache´ in der Tradition Grimms und versteht darunter ebenso Konkreta wie auch Abstrakta (s. S. 8). Gleichzeitig wirft er Schuchardt vor, er habe eben nicht dieses umfassende Verständnis von `Sache´, weder in engerem, noch im weiteren Sinne, sondern schreibe vielmehr von `Ding´ und `Dingen´, dies sei aber als zu ungenau und inkonsequent abzulehnen, da erst Meringers umfassender Gebrauch von `Sache´, der auch immaterielle Dinge einschließe, der Richtige sei (Meringer WuS 3 (1912), 34). Schuchardt entgegnet nur lapidar, als Romanist gehe er von französisch `chose´ aus, welches die deutschen Bezeichnungen `Ding´ ebenso wie `Sache´ synonym wiedergebe. Wie ist der wissenschaftliche Ertrag dieses Prioritätenstreites zwischen Meringer und Schuchardt, auch was die Frage betrifft, ob nun die `Sache´ vor dem `Wort´ stehe, zu beurteilen? Weiter oben wurde schon der unsachliche und polemische Ton darge-stellt, mit dem Meringer diesen Prioritätenstreit führte (s. S. 5f.). Aber auch Schuchardt sparte nicht an Unsachlichkeit und Polemik, in ZRPh 34 (1910), Seite 17 folgende, findet man seine Erwiderung auf die Angriffe Meringers in der ersten Anmerkung, die er mit dem Satz beginnt: „In einer Anmerkung erledige ich etwas was nicht wichtig genug ist um über dem Strich zu stehen, nicht unwichtig genug, um ganz unterdrückt zu werden." (Schuchardt ZRPH 34 (1910), 17).
Wahrlich kein Verhalten, das man von zwei bedeutsamen Wissenschaftlern ihrer Zeit erwar-ten würde. Zumal beide im Grunde dasselbe meinten und ihre Diskussion keine praktische Bedeutung hatte, da sie die Forschungsrichtung nicht wirklich weiter brachte (Meyer-Lübke 1909, 643f.). Viel Lärm also um nichts, motiviert durch persönliche Eitelkeiten.

4. Alte und neue Anwendungsgebiete

4.1. Alte Anwendungsgebiete (vor 1945)

Die Verbreitung der Forschungsrichtung `Wörter und Sachen´ bedeutete eine endgültige Abkehr der Sprachwissenschaft von der strikten Anwendung der Lautgesetze der junggrammatischen Schule. Die etymologische Sichtweise wurde auf diachroner und synchroner Ebene erweitert, semantische Überlegungen fanden ihre Einbeziehung in etymologische Untersuchungen. Dies kann und muss als Verdienst des methodischen Prinzipes `Wörter und Sachen´ angesehen werden. Als Teil der klassischen Onomasiologie in ihrer Phase vor Saussure ging dabei das methodische Prinzip `Wörter und Sachen´ in sowohl synchroner, als auch in diachroner Sichtweise von der einfachen und direkten Verbindung zwischen `Wort´ und `Sache´ aus, im Sinne von „Das Wort bezeichnet die Sache" (Quadri 1952, 163 Anm. 653).

Das methodische Prinzip `Wörter und Sachen´ fand in der Periode nach Schuchardt und Meringer eine breite Anwendung auf verschiedenen Gebieten der Sprachwissenschaft. Zu nennen ist hier natürlich zuförderst die Sachforschung, vor allem die volkskundliche Sachforschung, aber auch sprachgeografische, dialektologische und lexikografische Arbeiten bedienten sich dieses Prinzips.

In diesem Zusammenhang gehört wohl die Arbeit Max Leopold Wagners, „Das ländliche Leben Sardiniens im Spiegel seiner Sprache" (Wagner 1921) zu den bedeutesten Arbeiten auf dem Gebiet der Sachforschung, die das methodische Prinzip `Wörter und Sachen´ anwendeten (Jordan/Orr 1970, 69 f.). Bereits der Titel versucht das Ziel Wagners zu formulieren, er möchte, auf sprachwissenschaftlicher Grundlage die ursprünglichen Aspekte ruralen Lebens auf Sardinien untersuchen. Dabei möchte er `Wörter´ und `Sachen´ in ihrer engsten Verbindung zueinander, und so weit es geht auch in ihrer historischen Verbundenheit miteinander, untersuchen (Wagner 1921, 1ff.). Wagner geht dabei sehr genau vor und untersucht neben vielem anderen insbesondere die Landwirtschaft und landwirtschaftliche Techniken, Backwerk und Weinanbau, Kleidung und Schmuck, aber auch Kindheit, Hochzeit und Tod. Seine Arbeit erfüllt dabei eine alte Forderung der Forschungsrichtung `Wörter und Sachen´, indem sie viele photografische Abbildungen der beschriebenen `Sachen´ zeigt, wie dies Schuchardt schon im Jahr 1904 gefordert hatte (Schuchardt 1922, 119). Darüber hinaus enthält das Werk Wagners auch dialektologische und auch sprachgeografische Untersuchungen, da er verschiedene Lehnwörter in den unterschiedlichen Dialekten Sardiniens untersucht. Auf weitere Beispiele aus dem Gebiet der Sachforschung sei hier verzichtet, wohl die allermeisten Beiträge der Zeitschrift „Wörter und Sachen" sind diesem Untersuchungsgebiet zuzuordnen.

Besondere Anwendung erfuhr das methodische Prinzip `Wörter und Sachen´ aber auf dem Forschungsgebiet der Sprachgeografie. Zu nennen sind hier Karl Jaberg und Jakob Jud und ihr „Sprach- und Sachatlas Italiens und der Südschweiz" aus dem Jahr 1928 und den folgenden Jahren (Jaberg/ Jud 1928a), für dessen Erstellung sie explizit das methodische Prinzip `Wörter und Sachen´ zur Anwendung kommen lassen und dabei kaum ein Gebiet des häuslichen und landwirtschaftlichen Bereiches außer Acht lassen. Dieser Sprachatlas widmet seine besondere Aufmerksamkeit, wie dies der Titel auch schon anzeigt, dem Gebiet der `Sachen´. Die Autoren stellen unter anderem Skizzen von Verfahrensweisen und Werkzeugen bereit, die die linguistischen Karten begleiten und illustrieren. Auch dieses Werk enthält eine Vielzahl von Photografien der untersuchten `Sachen´. Im Gegensatz zu bereits davor erschienenen Sprachatlanten ist der Sprachatlas von Jaberg und Jud dadurch gekennzeichnet, dass lexikalische Aspekte, nicht phonetische, im Vordergrund stehen.[7]

Die Autoren interessieren sich vor allem für die `Wörter´, für die gebräuchlichen Bezeichnungen, die in verschiedenen Formen menschlichen Zusammenlebens in den jeweils untersuchten Gebieten gebraucht werden. Indem die Autoren die `Wörter´ für die `Sachen´ kennenlernen, die sie wenn möglich photografisch oder durch Skizzen illustrieren, um so die Interdependenz zwischen den `Wörtern´ und den `Sachen´ aufzeigen zu können, möchten sie den dahinter stehenden Kulturraum kennen lernen (Jaberg/ Jud 1928b, 1ff.). Folglich ist die Untersuchung der Sprache, das heißt der `Wörter´, mit der Untersuchung der `Sachen´, auch der geistigen Lebensbedingungen, verbunden, somit verbindet dieser Sprachatlas herkömmliche sprachgeografische Methoden mit der Methode von `Wörter und Sachen´ (Jordan/ Orr 1970, 260).

Dem `Wörter und Sachen´-Prinzip gerecht werdend sind die einzelnen Karten und Skizzen nicht in alphabetischer Weise angeordnet, wie bei herkömmlichen Sprachatlanten, sondern entsprechend der untersuchten `Sache´ jeweiligen Gruppen zugeordnet.

Als Beispiel einer der Arbeiten, die auf dem Forschungsgebiet der Lexikografie das methodische Prinzip von `Wörter und Sachen´ angewendet sehen wollen, sei hier Gheorghe Giugleas Artikel „Cuvinte ★i lucruri, Elementi vechi germane ✕n Orientul romanic" erwähnt (Giugleas 1921). In seinem Aufsatz diskutiert Giugleas verschiedene rumänische Bezeichnungen und schreibt diesen einen Ursprung im Germanischen zu. Zum einen errang sich Giugleas damit den Verdienst, germanische Einflüsse auf das Rumänische aufgezeigt zu haben, zum anderen aber zeichnet diesen Artikel vor allem die Fülle des von ihm gesammelten Materials aus, um explizit und als Erster das `Wörter und Sachen´-Prinzip auf die rumänische Sprache anzuwenden (Jordan/ Orr 1970, 74).

---

[7] Interessanter Weise war einer der drei Interviewer für den Sprachatlas, zuständig für Sardinien, als ausgewiesener Experte, M. L. Wagner (Jordan/ Orr 1970, 259).

4.2. Neue Anwendungsgebiete (nach 1945)

Als Teil der klassischen Onomasiologie in ihrer Phase vor Saussure ging das methodische Prinzip `Wörter und Sachen´ in sowohl synchroner, als auch in diachroner Sichtweise von der einfachen und direkten Verbindung zwischen `Wort´ und `Sache´ aus, im Sinne von „Das Wort bezeichnet die Sache" (Quadri 1952, 163 Anm. 653), in der Phase der Sprachwissenschaft seit Saussure ist dies in dieser Form nicht mehr möglich. Der Ausgangspunkt `Sache´ wurde beim Ringen um die theoretische Begründung der linguistischen Verfahren weitgehend in Frage gestellt, „der stärkste und nachhaltigste Einwand gegen die Forschungsrichtung `Wörter und Sachen´ ging von der Diskussion um das sprachliche Zeichen und sein Verhältnis zur außersprachlichen Realität aus, die von Ferdinand de Saussure ausgelöst worden ist." (Schmidt-Wiegand 1992, 25). Ein zweiter, nicht zu unterschätzender Aspekt tritt hinzu, die politischen Verstrickungen der Zeitschrift „Wörter und Sachen" während der nationalsozialistischen Gewaltherrschaft. Die Forschungsrichtung `Wörter und Sachen´ wurde in direkter Verbindung zu dieser Zeitschrift gesehen, deren Hauptorgan die Zeitschrift schließlich sein wollte und es bis 1942 auch war, damit wurden die politischen Verstrickungen der Zeitschrift auch mit der Forschungsrichtung selber gleichgesetzt. Das hatte zur Folge, dass nach 1945 der Begriff `Wörter und Sachen´ im Sprachgebrauch der Fachleute offensichtlich gemieden wurde und stattdessen die Nennung des kulturgeschichtlichen und gesellschaftlichen Aspektes genügen musste (Schmidt-Wiegand 1999, 28). Der erste Aspekt, die Sprachwissenschaft nach Saussure, interessiert an dieser Stelle weit mehr, ihn allein sollen die folgenden Ausführungen untersuchen.

Das Konzept des sprachlichen Zeichens nach Saussure, mit seinen beiden Seiten „signifié" und „signifiant", nach Ogden und Richards erweitert um den „Referenten" als die bezeichnete außersprachliche konkrete oder abstrakte oder nur vorgestellte Sache (Ogden/ Richards 1923), hat einen erweiterten Onomasiologiebegriff zur Folge, der sich in vornehmlich synchroner Perspektive loslöst von der Vorstellung der direkten Verbindung zwischen `Wort´ und `Sache´, indem der `Begriff´, die `Vorstellung´, der `Sinn´ oder der `Inhalt´ eingeführt wird. Folglich wird die Onomasiologie der Phase der Sprachwissenschaft nach Saussure mit dem Satz zusammengefasst: „Das Wort [bezieht sich auf, bildet ab, symbolisiert etc.] die Sache." (Quadri 1952, 260 ff.).

Damit war eine der Grundannahmen der Forschungsrichtung `Wörter und Sachen´, die Vorstellung der direkten Verbindung zwischen `Sache´ und `Wort´, in dieser Form nicht mehr vertretbar. Wie bereits ausgeführt (s. S. 11) führte Schuchardt 1912 bei der Beschreibung seines Standpunktes über die Beziehung zwischen `Sache´ und `Wort´ noch eine dritte Variable als abstrakte Ebene ein, die `Vorstellung´, die zwischen beiden stehe, ohne die `Sache´ zu repräsentieren: „Vorstellungen und Wörter sind stets auch Sachen im absoluten Sinn, demnach das Wort `Kentaur´ gleichfalls eine Sache, nicht anders, wie das Bild eines Gegenstandes selbst ein Gegenstand ist." (Schuchardt 1922, 126). Hat folglich Schuchardt durch die Erweiterung der Beziehung zwischen `Wort´ und `Sache´ um die abstrakte Ebene der `Vorstellung´ bereits den Standpunkt der direkten Verbindung zwischen `Wort´ und `Sache´ aufgegeben und somit die Onomasiologie der Phase nach Saussure vorweg genommen? Nach Leo Weisgerber ist dies nicht der Fall, da Schuchardt vielmehr von `Begriffen´ hätte sprechen müssen, die eine direkte Beziehung zu dem `Wort´ haben oder bessere Bestandteile der Wörter sind (Weisgerber 1925, 19). Außerdem habe Schuchardt die Notwendigkeit der Erforschung der „auf den Gegenständen der Außenwelt aufbauenden Begriffsbildung" (ebd.) bewusst umgangen. Stattdessen hielten die Vertreter der Forschungsrichtung `Wörter und Sachen´ starr an der als gegeben hingenommenen `Sache´ fest und übersähen deshalb, dass es primär um den `Begriff´ gehe, den die Mitglieder einer Sprachgemeinschaft mit der `Sache´ verbinden (Weisgerber 1925, 18). Nichtsdestotrotz bleibt die Einführung der abstrakten Ebene der `Vorstellung´ durch Schuchardt eine bemerkenswerte Tatsache.

Der Ausgangspunkt der `Sache´ der Forschungsrichtung `Wörter und Sachen´ geriet folglich aus dem Blickfeld der allgemeinen Sprachwissenschaft. Das hatte zur Folge, dass die Forschungsrichtung auch in denjenigen Forschungsfeldern keine Anwendung fand, die eigentlich eine gewisse methodische Nähe zu ihr aufweisen. Dies gilt zum Beispiel auch für die Forschungsrichtung der kognitiven Linguistik. Diese hat sich in den letzten zwanzig Jahren als interdisziplinäre Wissenschaft zur Beschreibung der natürlichen Sprache etabliert, indem sie in einem breiten Ansatz die Sprache nicht als ein vom Menschen loslösbaren Untersuchungsgegenstand ansieht, sondern als ein Produkt menschlicher Grunderfahrungen und menschlicher mentaler Prozesse, menschlicher Kognition also, wobei die Sprache als integrierter Bestandteil aller menschlichen kognitiven Fähigkeiten angesehen wird (u.a. Schwarz 1996). Hier werden Parallelen zu `Wörter und Sachen´ deutlich. Wie die Forschungsrichtung `Wörter und Sachen´ in ihrem breiten Ansatz die Betrachtung der `Sachen´ in die Sprachbetrachtung einbeziehen möchte, möchte die kognitive Linguistik menschliche Grunderfahrungen und mentale Prozesse in die Sprachbetrachtung integrieren. Diese können ohne weiteres unter das Verständnis von `Sache´ der Forschungsrichtung `Wörter und `Sachen´ subsumiert werden. Dadurch könnte eine methodische Nähe zwischen beiden Forschungsrichtungen begründet sein, die Anwendung des methodischen Prinzips `Wörter und Sachen´ wäre sicherlich möglich. Bei der Durchsicht der einschlägigen Einführungsliteratur zu diesem relativ neuen Forschungsgebiet aber (Schwarz 1996; Willems 1997) konnte kein einziger Bezug, noch nicht einmal ein kurzer Hinweis auf die Forschungsrichtung `Wörter und Sachen´ und ihr methodisches Prinzip gefunden werden.

Folgt daraus nun, dass die Forschungsrichtung `Wörter und Sachen´ und ihr methodisches Prinzip überhaupt nicht mehr zur Anwendung gelangen? Dies ist zu verneinen, so wird das methodische Prinzip `Wörter und Sachen´ weiterhin angewendet in den Bereichen der Sachforschungen, vor allem der volkskundlichen, in der Altertumskunde und Mediävistik, aber auch in der Fachsprachenforschung.

Gerade in den letzten Jahren wird die Forschungsrichtung `Wörter und Sachen´ wieder in das Blickfeld der Wissenschaft gebracht. Zu nennen ist hier unter anderem das 3. Internationale Symposium des Instituts für Gegenwartsvolkskunde der Österreichischen Akademie der Wissenschaften 1988, das aufzeigte, dass das methodische Prinzip `Wörter und Sachen´ als fach- und sprachübergreifender Ansatz durchaus aktuell ist (Beitl/ Chiva 1992, 7ff.). Demnach ist das Interesse an dem methodischen Prinzip der `Wörter und Sachen´-Forschung auf allen Gebieten der Sachforschung lebendig geblieben (Schmidt-Wiegand 1992, 23). Doch auch die Forschungsrichtung `Wörter und Sachen´ kann sich den Entwicklungen der Erkenntnisse der allgemeinen Sprachwissenschaft nicht entziehen, insbesondere im Hinblick auf das Modell des sprachlichen Zeichens. Deshalb gilt für die aktualisierende Anpassung der Forschungsrichtung `Wörter und Sachen´, dass sie sich vor allem durch den Bezug auf die Bedeutung, „die heute in keinem Fall mehr mit der Referenz der Bezeichnungen gleichzusetzen ist, da die Bedeutung einen eigenen autonomen Bereich darstellt" (Schmidt-Wiegand 1992, 28), von der `Wörter und Sachen´-Forschung alter Prägung unterscheiden muss. Des weiteren kann in der Zusammenführung der Etymologie mit der Semantik das methodische Prinzip `Wörter und Sachen´ fruchtbar eingesetzt werden, um eine „Kulturraumforschung neuen Stils" (Schmidt-Wiegand 1992, 41) zu ermöglichen. Hervorzuheben ist an dieser Stelle die Initiative des Sonderforschungsbereiches 7 der Universität Münster, der in „Wörter und Sachen im Lichte der Bezeichnungsforschung" (Schmidt-Wiegand 1981) versucht, das methodische Prinzip `Wörter und Sachen´ auf dem Gebiet der Frühmittelalterforschung zur Anwendung zu bringen. Im Sinne einer energetischen Sprachbetrachtung soll hier, auf der Grundlage einer Verbindung der Methoden der historischen Onomasiologie und der Semasiologie, die `Wörter und Sachen´-Forschung wiederbelebt werden, dabei soll das Verhältnis zwischen `Wort´ und `Sache´ mit historischen, philologisch sachkundlichen und linguistischen Methoden untersucht werden (Schmidt-Wiegand 1981, 10 f.). Die einzelnen Aufsätze behandeln verschiedene sachkundliche Themen wie Fass und Tonne, Heilkundliches, Hausbau, Schutz- und Angriffswaffen, Runeninschriften auf Waffen, Götter-und Heldenwaffen und das Wort `Mann´.

Auf dem Forschungsgebiet der Fachsprachenforschung im Lichte von `Wörter und Sachen´ hat sich Dorothee Heller mit ihrer Arbeit „Wörter und Sachen" (Heller 1998) betätigt. Im Rahmen der theoretischen und methodologischen Diskussion auf dem Gebiet der Fachsprachenforschung beziehungsweise der Fachtextlinguistik möchte Heller den wissenschaftshistorischen Ansatz verfolgen und untersucht aus diesem Grund die für diesen Ansatz ihrer Meinung nach besonders relevante Forschungsrichtung `Wörter und Sachen´, anhand der Beiträge der gleichnamigen Zeitschrift (Heller 1998, 9ff.).

Haus- und Sachforschung, aber auch Möbel- und Kleiderkunde sind Gebiete, die herangezogen werden müssen, um in der alltäglichen Arbeit von Ausstellungen und Museen die Bezeichnungen einzelner Objekte zu katalogisieren, auszustellen und zu interpretieren. So ist es nur natürlich, dass die Museumskunde fest mit der `Wörter und Sachen´-Forschung verbunden war, als sie Anfang des 20. Jahrhunderts aktuell zu werden begann, und auch weiterhin mit dieser verbunden ist (Beitl 1999). Die Sachliteratur musealen Ursprungs nimmt einen weiten Raum ein, in Aufrisszeichnungen ausgestellter Gebäude und in entsprechende Darstellungen der dargestellten Gegenstände werden hier hochsprachliche und mundartliche Bezeichnungen für einen bestimmten Bereich aufgeführt (s.a. Hansen 1972, 196).

Auch die Personennamenforschung bedient sich auch heute noch explizit des methodischen Prinzipes `Wörter und Sachen´. Aus der Wortbildung und Verbreitung der spätmittelalterlichen Berufsbezeichnungen und Beinamen werden Schlüsse auf die sachlich und sozial bedingte Differenzierung und Spezialisierung der Handwerke gezogen, wobei die daraus resultierenden Ergebnisse Mit Abbildungen und historischen Wortkarten belegt werden sollen (Nölle-Hornkamp 1992).

Auch die Phraseologieforschung kann an dieser Stelle als neues Anwendungsgebiet der Forschungsrichtung `Wörter und Sachen´ angeführt werden. Mit zahlreichen Karten werden nicht nur Redewendungen, sondern auch Gesprächs- und Anredeformen aus der Perspektive des methodischen Prinzipes von `Wörter und Sachen´ untersucht (Grober-Glück 1994).

Aus diesen Ausführungen wird immanent deutlich, dass das methodische Prinzip der Forschungsrichtung `Wörter und Sachen´ durchaus noch heute zur Anwendung gelangt. Es zeigt sich zum einen, dass sich, vor allen Anderen, besonders hoch spezialisierte Forschungsgebiete der Sprachwissenschaft dieses methodische Prinzip mit Erfolg anwenden. Zum anderen zeigt sich aber auch eine Tendenz zur interdisziplinären Anwendung des `Wörter und Sachen´-Prinzipes auf. Dieses entspricht durchaus den ursprünglichen Intentionen der beiden Initiatoren der Forschungsrichtung, Rudolf Meringer und Hugo Schuchardt. An dieser Stelle wichtig ist die Feststellung, dass die Forschungsrichtung, so „historisch" (Schmidt-Wiegand 1992, 22) sie auch sein mag, dennoch aktuell geblieben ist.

4.3. Fazit

Die vorliegende Arbeit versucht darzustellen, wie die Forschungsrichtung `Wörter und Sachen´ die Sprachwissenschaft ihrer Zeit aus den Ketten der strikten Anwendung der junggrammatischen Lehre von den Lautgesetzen befreit und die Sprachbetrachtung in synchroner wie auch in diachroner Sichtweise um die `Sache´ erweitert hat. Die klassische `Wörter und Sachen´-Forschung ging dabei von einer direkten Verbindung zwischen `Wort´ und `Sache´ aus. Mit der sprachwissenschaftlichen Entwicklung, vor allem mit der Formulierung des Zeichenmodells nach Saussure, war dieser Ausgangspunkt der Forschungsrichtung `Wörter und Sachen´ nicht mehr haltbar. Des weiteren führten die politischen Verstrickungen der Zeitschrift „Wörter und Sachen" während der nationalsozialistischen Herrschaft zu einer Tabuisierung des Begriffpaares „Wörter und Sachen", der Hinweis auf kulturgeschichtliche und gesellschaftliche Aspekte musste nach 1945 genügen. Natürlich förderte dies nicht eben die weitere Verbreitung des methodischen Prinzipes von `Wörter und Sachen´ als einheitliche Forschungsrichtung. Daraus folgte eine Phase der fehlenden expliziten Beachtung der Forschungsrichtung. In den vergangenen zwanzig Jahren aber entstanden Bemühungen, das methodische Prinzip `Wörter und Sachen´ aus seinem Randgebiet zu befreien, indem man es aktualisiert und an die Entwicklungen der Sprachwissenschaft nach Saussure durch die Erweiterung um die abstrakte Ebene der `Bedeutung´ anpasst.

Wie sind diese Bemühungen um eine Aktualisierung der `Wörter und Sachen´-Forschung motiviert? Es geht der Forschungsrichtung `Wörter und Sachen´ um das Bezeichnete, das Objekt, die reale Sache. Dies aus der Betrachtung und Untersuchung von Sprache außen vor zu lassen bedeutete, einen zentralen Aspekt von Sprache, eben dasjenige, das sie bezeichnet, außen vor zu lassen. Das aber bedeutete eine unzureichende, weil lückenhafte Betrachtung von Sprache. Ohne das Bezeichnete zu beachten, kann man Sprache nicht erschöpfend untersuchen und erklären. Aus diesem Grund ist es auch weiterhin unbedingt notwendig, das von der Sprache Bezeichnete der sprachwissenschaftlichen Untersuchung zu unterziehen. Das kann die Forschungsrichtung `Wörter und Sachen´ und ihr methodisches Prinzip in prädestinierter Weise leisten, im Verbund mit anderen Ansätzen der allgemeinen Sprachwissenschaft, aber auch in interdisziplinärer Herangehensweise, vermag ihre Anwendung zu neuen Ergebnissen und zu einer ganzheitlicheren Sprachbetrachtung zu führen. Deshalb ist es richtig und für die Sprachwissenschaft bereichernd, `Wörter und Sachen´ zu aktualisieren, an die Entwicklungen der Sprachwissenschaft nach Saussure anzupassen und dadurch die sprachwissenschaftliche Untersuchung wieder zu öffnen für das Bezeichnete, das Objekt, die reale Sache. Eine Sprachbetrachtung ohne eine Betrachtung des Bezeichneten bliebe unvollständig und ungenau.

5. Literaturverzeichnis

- Beitl, Klaus/ Chiva, Isac (Hg.) 1992: Wörter und Sachen. Österreichische und deutsche Beiträge zur Ethnographie und Dialektologie Frankreichs. Wien: Verlag der österreichischen Akademie der Wissenschaften.

- Beitl, Klaus 1999: Das Wort, die Sache, der Vergleich. Österreichische Beiträge zur Volkskunde Frankreichs. In: Schmidt-Wiegand, Ruth (Hg.): „Wörter und Sachen" als methodisches Prinzip und Forschungsrichtung. Band 1. Hildesheim: Georg Olms. S.191ff.

- Giuglea, Gheorghe 1921: Cuvinte ★i lucruri, Elementi vechi germane ✗n Orientul romanic. In: Dacoromania 2 (1921-22), S. 327 ff.

- Grimm, Jacob 1848: Geschichte der deutschen Sprache. Leipzig.

- Grimm, Jacob 1854: Deutsche Rechtsalterthümer. 2. Auflage. Göttingen: Dieterich.

- Gröber-Glück, Gerda 1994: Die Anrede des Bauern und seiner Frau durch das Gesinde in Deutschland um 1930 unter Volkskundlichen und soziologischen Aspekten nach Materialien des Atlas der deutschen Volkskunde. Frankfurt a.M./ Berlin/ Bern/ e.a.

- Jaberg, Karl/ Jud, Jakob 1928a: Sprach- und Sachatlas Italiens und der Südschweiz. Erster Band. Zofingen: Ringier.

- Hansen, Wilhelm 1972: Das Lippische Landesmuseum Detmold.

- Heller, Dorothee 1998: Wörter und Sachen. Grundlagen einer Historiographie der Fachsprachenforschung. Tübingen: Narr.

- Hüttenbach, Fritz Lochner von 1977: Sachen und Wörter – Wörter und Sachen. In: Schmidt-Wiegand, Ruth (Hg.): „Wörter und Sachen" als methodisches Prinzip und Forschungsrichtung. Band 1. Hildesheim: Georg Olms. S.77ff.

- Jaberg, Karl/ Jud, Jakob 1928b: Der Sprachatlas als Forschungsinstrument. Halle (Saale): Niemeyer.

- Jordan, Jorgu/ Orr, John 1970: An Introduction to Romance Linguistics, ist scholls and scholars. 2. Aufl.. Oxford: Basil Blackwell

- Meringer, Rudolf 1904: „Wörter und Sachen". In: Indogermanische Forschungen 16 (1904), S. 101 ff.

- Meringer, Rudolf e.a. 1909: Vorwort. In: WuS 1 (1909), S.1f.

- Meringer, Rudolf 1912: Zur Aufgabe und zum Namen unserer Zeitschrift. In: WuS 3 (1912), S.22ff.

- Meyer-Lübke, Wilhelm 1909: Aufgaben der Wortforschung. In: Germ.-rom. Monatsschrift I (1909), S. 643 ff.

- Nölle-Hornkamp 1992: Mittelalterliches Handwerk im Spiegel deutscher Personennamen. Eine namenskundliche Untersuchung zu den Handwerkerbezeichnungen als Beinamen im Corpus der altdeutschen Originalurkunden. Frankfurt a.M./ Berlin/ Bern/ New York/ Paris

- Ogden, Charles/ Richards, Ivor 1923: The Meaning of Meaning. London: passim.

- Paul, Hermann 1975: Prinzipien der Sprachgeschichte. 9. unveränderte Auflage. Tübingen: Niemeyer.

- Pfister, Max 1980: Einführung in die romanische Etymologie. Darmstadt: Wissenschaftliche Buchgesellschaft.

- Quadri, Bruno 1952: Aufgaben und Methoden der onomasiologischen Forschung. Eine entwicklungsgeschichtliche Darstellung. Bern.

- Schmidt, Johannes 1872: Die Verwandtschaftsverhältnisse der indogermanischen Sprachen.

- Schmidt-Wiegand 1981: Wörter und sachen im Lichte der Bezeichnungsforschung. Berlin/ New York: Walter de Gruyter.

- Schmidt-Wiegand, Ruth 1990: Das `Deutsche Rechtswörterbuch´, Geschichte und Struktur. In: Schützeichel, Rudolf/ Seidensticker, Peter (Hg.): Die Brüder Grimm-Philologie, historische Sprachwissenschaft und Literaturgeschichte. S.43ff.

- Schmidt-Wiegand, Ruth 1992: „Wörter und Sachen". Forschungsrichtung – Forschungsinteresse - Forschungsaufgabe. In: Beitl, Klaus/ Chiva, Isac (Hg.): Wörter und Sachen. Österreichische und deutsche Beiträge zur Ethnographie und Dialektologie Frankreichs. Wien: Verlag der österreichischen Akademie der Wissenschaften

- Schmidt-Wiegand, Ruth 1999: Einleitung. In: Schmidt-Wiegand, Ruth (Hg.): `Wörter und Sachen´ als methodisches Prinzip und Forschungsrichtung. Teil 1. Hildesheim e.a.: Georg Olms Verlag

- Schuchardt, Hugo 1885: Über die Lautgesetze. Gegen die Junggrammatiker. Berlin: Oppenheim.

- Schuchardt, Hugo 1902: Etymologische Probleme und Prinzipien. In: ZRPh 11 (1902), S. 385 ff.

- Schuchardt, Hugo 1905: Sachen und Wörter. In: ZRPh 14 (1905), S.620ff.

- Schuchardt, Hugo 1910: Sachwortgeschichtliches über den Dreschflegel. In: ZRPh 34 (1910), 257ff.

- Schuchardt, Hugo 1911: Gegen R. Meringer. Flugblatt, Graz, 11.10.1911

- Schuchardt, Hugo 1912a: Sachen und Wörter. In: Anthropos 7 (1912). S.827ff.

- Schuchardt, Hugo 1922: Hugo-Schuchardt-Brevier. Ein Vademekum der allgemeinen Sprachwissenschaft; als Festgabe zum 80. Geburtstag des Meisters. Zusammengestellt und eingeleitet von Leo Spitzer (Hg.). Halle (Saale): Niemeyer.

- Schwarz, Monika 1996: Einführung in die kognitive Linguistik. Zweite überarbeitete und aktualisierte Auflage. Heidelberg: Müller.

- Wagner, Max Leopold 1921: Das ländliche Leben Sardiniens im Spiegel seiner Sprache. Heidelberg.

- Weisgerber, Leo 1925: Wortfamilien und Begriffsgruppen in den indogermanischen Sprachen. In: Weisgerber, Leo 1964: Zur Grundlegung der ganzheitlichen Sprachauffassung. Aufsätze 1925-1933. Düsseldorf.

- Weisgerber, Leo 1974: Treffpunkt Wort-Sach-Forschung. Antiquitates Indogermanicae. Studien zur indogermanischen Altertumskunde und zur Sprach- und Kulturgeschichte der indogermanischen Völker. In: Gedenkschrift für Hermann Güntert. Innsbrucker Beiträge zur Sprachwissenschaft 12, Innsbruck. S.353ff.

- Willems, Klaas 1997: Kasus, grammatische Bedeutung und kognitive Linguistik. Ein Beitrag zur allgemeinen Sprachwissenschaft. Tübingen: Narr.

- Wunderli, Peter (im Druck): Die Romanische Philologie von Diez bis zu den Junggrammatikern. In: Holtus, G./ Metzelin, M./ Schmitt, C.: Lexikon der Romanistischen Linguistik, Band 1.

9 783640 999057